ESSAI

SUR

LA TRADITION THÉATRALE,

PAR CAILHAVA,

DE L'INSTITUT NATIONAL

PARIS,

CHARLES POUGENS, imprimeur-libraire, rue
St.-Thomas-du-Louvre, n.° 246.

16 germinal, an VI. (1798.)

Nota. Ce morceau, qui devait être lû le 15 germinal, dans la scéance publique de l'Institut , n'a pu l'être à cause de l'abondance des mémoires.

ESSAI

SUR

LA TRADITION THÉATRALE,

L'on commenta les mots,
Je commenterai l'art.

TELLE sera l'épigraphe de mes commentaires sur Molière; j'y prends l'engagement formel de faire connaître tout entier le premier des comiques. Entreprise hardie sans doute, mais devenue nécessaire, depuis que les chef-d'œuvres des plus grands maîtres sont immolés sur la scène à des monstres dramatiques ; depuis que la plupart des acteurs, infidelles à la tradition théâtrale, et ne développant qu'avec négligence les tableaux philosophiques du plus moral des peintres, en altèrent les détails, l'ordonnance, l'ensemble ; et j'en prends plus

A 2

particuliérement à témoin , ceux de nos collègues à qui Thalie reconnaissante ouvrit ce temple.

Que faut-il entendre par la tradition théâtrale ? Une histoire non écrite , mais qui, passant de bouche en bouche, transmise d'exemple en exemple , doit conserver à la postérité la plus reculée , la manière dont les merveilles de l'art furent rendues d'après les avis et sous les yeux du génie qui les enfanta. Remontons au tems où Molière , auteur inimitable, Molière, grand comédien, donnait des leçons à ses camarades , et leur confiait la gloire de ses enfans chéris. Je crois l'entendre :

Valets , Soubrètes , leur dit-il , loin de vous la prétention d'être plus plaisans que vos rôles ; songez qu'en exagérant le comique vous avilissez la scène (1).

____

(1) La farce seule peut autoriser la charge ; et ne sait pas même charger qui veut.

(5)

Amans : plaire, intéresser, toucher, voilà votre emploi.

Petits-maîtres : ne confondez pas le jeu facile avec le jeu négligé ; que le naturel n'ôte rien à la finesse, et que la finesse ne paraisse jamais aux dépens du naturel ; n'oubliez pas sur-tout, que la fatuité même a ses bienséances.

Rôles à manteaux, Vieillards : soyez faibles, ridicules, mais jamais imbéciles ; la faiblesse intéresse ; le ridicule excite le rire ; l'imbécilité afflige la nature.

Actrices chargées de peindre les ridicules ; si ce genre, plus difficile qu'on ne pense, exige des mines qui contrastent avec vos prétentions, il vous défend les grimaces.

Ici Molière s'adresse à ses camarades en général : Voulez-vous n'être que *des acteurs*, et surprendre des applaudissemens ? mettez les manières à la place du naturel, la pétulence à la place de la vivacité, l'esprit à la place du sentiment ; frappez, enfin, plus fort que juste, vous séduirez les yeux et les oreilles : mais aspirez-vous à la gloire d'être des *Comédiens*, et de forcer les connaisseurs à vous donner ce titre ? suivez une route opposée ; frappez plus juste que fort ; surtout que la vérité établisse entre votre voix, vos gestes et votre sensibilité, une harmonie toujours sure de subjuguer le cœur. Le cœur, cette partie de l'homme, si noble, si énergique, ne se laisse jamais surprendre. Point de secret, point de supplément, point d'imposture qui puisse lui masquer les défauts d'un acteur peu sensible et manquant de vérité.

La vérité seule constitue le grand Comédien ; la vérité seule le distingue de cette foule de machines gesticulantes et déclamantes qui réduisent à un état purement mécanique un art cher à plus d'une Muse.

Si l'on en juge par l'impromptu de Versailles, c'est ainsi qu'a du parler le maître de la scène comique.

Examinons présentement si la tradition qu'il a laissée, si ce dépôt précieux s'est conservé jusqu'à nous; et si, grâce aux soins de quelques comédiens qui lui sont restés fidelles, nous pouvons espérer de voir ramener la vérité sur nos théâtres.

Supposons que nous voyons représenter l'*Ecole des Maris*, par exemple; et, suivant pas à pas les acteurs, mettons, pour ainsi dire, nos remarques en action.

Dans la sixième scène, acte premier, Ergaste dit à son maître, en parlant du tuteur d'Isabelle :

Il nous observe, ôtons-nous de ses yeux.

Il est très-naturel que ce soit tout bas, comme l'a noté Molière; il est même plaisant, si l'on veut, que le valet, lorsqu'il donne ce conseil à Valère, se presse contre lui, et qu'en se retirant, ils fassent ensemble une demi-pirouette, toujours sûre d'être applaudie par le parterre.

L'optique du théâtre a ses licences, personne n'en doute ; mais elles ne doivent pas aller au-delà de la vérité.

. Est-il vraisemblable que Valère, encore sous les yeux du *Bourru*, de l'*Argus* qui l'observe, et dont il veut capter la bien-veillance, permette à son valet de se clouer pour ainsi dire à lui ; et que, la tête immo-bile, le corps droit, le jarret tendu, ils aillent, côte à côte, et comme deux sol-dats alignés, depuis le milieu d'une rue, jusque dans leur maison ? qu'ils ne se dé-rangent pas, même pour y entrer ? Le maître ne craint-il pas que le pantin ne fasse tort à l'amant ? et le valet, qui a voulu faire rire, ignore-t-il que le public est censé n'être pas là ?

Acte II, scène VIII, Valère reçoit une lettre d'Isabelle : j'approuve que son ame passe toute entière dans ses yeux, pour savoir promptement s'il est aimé ; mais, une fois sûr d'un tendre retour, [ne devrait-il pas respirer ; ne devrait-il pas au moins payer d'un soupir, tant d'expressions tendres, tant de traits délicats échappés successivement du cœur de son amante ? Hélas ! cette lettre, qui dit tant de choses, est ordinairement lue, ou plutôt récitée avec tant de volubilité, qu'elle paraît longue et insignifiante. ..... Tel est le sort de tout ce qui n'est pas senti.

Ah ! Valère : il faut-être bien malheureux pour ignorer que la lettre d'un objet chéri finit toujours trop tôt.

Valère reçoit le billet dans une boîte d'or qu'il livre avec précipitation à Ergaste pour s'occuper du trésor qu'elle renferme. Ce mouvement subit de générosité, fût-il involontaire, peint mieux qu'un long discours un amant tout entier aux intérêts de son cœur, et je félicite le comédien qui l'imagina (1).

____

(1) Ce soir même, sur un théâtre où l'on distingue quelques talens, je viens de voir un valet dé-

Je félicite aussi le valet qui, le premier, a pesé la boîte d'or dans sa main, et s'est dépêché d'en enrichir sa poche ; mais que dire des valets qui l'ouvrent, cette boîte, qui feignent d'y prendre du tabac, et d'en offrir aux personnes dont ils se supposent entourés ? Ce lazzi de si mauvais goût, si dénué de vraisemblance, n'est-il pas d'autant plus condamnable, qu'il usurpe l'attention du spectateur ? Et dans quel tems

cacheter lui-même la boîte, l'ouvrir, s'en emparer, et remettre ensuite à son maître la lettre qu'elle renfermait. J'ai sans doute fait la grimace, car un de mes voisins m'a dit avec humeur, *c'est de tradition*. Ah ! pauvre tradition ! pauvre tradition !

Sur le même théâtre, même pièce, acte III, un commissaire et un notaire sont requis par *Sganarelle* d'entrer chez *Valère*,

> Et d'y surprendre ensemble
> Deux personnes qu'il faut qu'un bon hymen assemble.

j'avais vu le notaire entrer dans la maison, je m'attendais à l'en voir sortir ; point du tout : il s'était sans doute évadé par une fausse porte ; le commissaire est venu seul présenter le contrat à la signature.

(11)

encore ? lorsqu'on la doit toute à la lettre
d'Isabelle ; à cette lettre, l'ame de la pièce.

Vers le milieu de la quatorzième scène du
même acte „ Molière indique qu'*Isabelle,
en feignant d'embrasser Sganarelle, don-
nera sa main à baiser à Valère.* J'ai vu
des acteurs la dévorer des minutes entières ;
plus les baisers étaient prolongés et forte-
ment appuyés, plus le Parterre applaudis-
sait, sans penser qu'en livrant sa main à
Valère, Isabelle engage sa foi, témoin ces
vers :

Qu'il reçoive en ces lieux, la foi que je lui donne,
De n'écouter jamais les vœux d'autre personne.

Dans ce moment se fait leur véritable
mariage ; et cet acte imposant ; cet acte....
pour ainsi dire religieux... ne demande-t-il
pas d'un côté beaucoup de respect ; de
l'autre la plus grande modestie ?

Ici plus d'un Valère, sensible au reproche, se croira peut-être bien justifié en di-
sant d'un ton d'homme à bonne fortune : —

Mais... mais... Vous ne voulez donc pas que je sois amant ? — Au contraire, je l'exige, et ce titre, garant de la plus grande délicatesse, promet un mélange heureux de surprise, de ravissement, de transports, de retenue, sans lequel la situation d'Isabelle, celle du tuteur et la vôtre, n'aurait plus rien de piquant.

Plus bas, Sganarelle, touché du chagrin dont il croit son rival pénétré, l'embrasse pour le consoler, lui dit-il ; et la scène finissait assez plaisamment, ce me semble : l'auteur l'avait pensé de même ; il se trompait : un acteur, plus ingénieux que Molière, a finement imaginé que Valère, après avoir reçu l'embrassade de Sganarelle, devait le jeter dans les bras d'Ergaste ; que celui-ci devait à son tour embrasser Sganarelle et le retenir fort long-temps, et pourquoi ? Pour donner le loisir à son maître de dévorer une seconde fois la main de son amante, et de provoquer de nouveaux applaudissemens.

(13)

Ferme, appuyez , messieurs les gens de
goût. Vous voulez donc contraindre Isabelle
à se cacher sous un triple voile , lorsqu'elle
viendra nous dire au troisième acte.

Je m'adresse aux amis de la vérité, de
la bienséance , et je leur demande : peut-
il entrer dans l'idée de Valère , qu'il fera
impunément l'impertinence la plus grossière
au tuteur de celle qu'il aime ?

Sganarelle doit-il souffrir patiemment la
burlesque embrassade d'un valet ?

Les derniers transports de Valère ne bles-
sent-ils pas la décence ?

Isabelle , en les partageant , n'enlève-t-
elle pas à son rôle cette fleur de délicatesse
qui l'embellissait ? Et les mères , accoutu-
mées à conduire leurs filles au spectacle ;
reconnaissent-elles l'Isabelle de Molière ,
cette jeune personne honnête, intéressante,
que la crainte d'être à jamais malheureuse,

force à une démarche hasardée, mais qui se la reproche sans cesse, et en demande pardon ?

Je fais, pour une fille; un projet bien hardi;
Mais l'injuste rigueur dont envers moi l'on use,
Dans tout esprit bien fait me servira d'excuse.

Je demande enfin aux connaisseurs s'ils retrouvent dans nos spectacles ces écoles de goût et de morale, qui nous méritèrent long-temps une gloire incontestable. — Si lorsque le gouvernement s'occupe à faire des lois pour des hommes, nous pouvons espérer que le théâtre fera des hommes pour ces lois, et si pour peu que la tradition théâtrale bien pure dans sa source, bien viciée dans son cours, continue à se corrompre; il ne faudra pas abandonner la scène française aux modernes, aux barbares amateurs qui appellent à grands cris l'auteur de Crispin médecin, et sifflent Amphitrion comme farce nouvelle.

Je l'ai dit, je le répète, un petit nombre

d'initiés aux mystères de la muse comique,
ont recueilli quelques étincelles du feu
sacré ; qu'ils se rapprochent pour le rallu-
mer, qu'ils le communiquent à l'ame de
leurs doubles , et qu'ils y gravent en traits
de flamme ces paroles : le titre de comédien
ferma constamment à Molière les portes de
l'Académie française ; le même titre de comédien peut , en nous obtenant une place
à l'institut , nous associer aux travaux et
à la gloire de toutes les sociétés savantes
dont s'honore l'univers.

Nota. Les changemens dans le costume , les re-
tranchemens dans la scène étant du ressort de la
tradition, autant que les lazzis, je me propose d'exa-
miner , sous ces divers rapports , toutes les pièces de
Molière, et de rendre justice aux acteurs qui savent
le respecter.